THEY COME AND KNOCK ON THE DOOR

by
Alfonso Quijada Urías

translated by
Darwin J. Flakoll

CURBSTONE PRESS

This publication was supported in part by donations, and by
grants from The National Endowment for the Arts and the
Connecticut Commission on the Arts, a state agency whose
funds are recommended by the Governor and appropriated
by the State Legislature.

ISBN: 0-915306-99-9
Library of Congress number: 90-52758

distributed by
InBook
Box 120470
East Haven, CT 06512

published by
CURBSTONE PRESS
321 Jackson Street
Willimantic, CT 06226

Contents

THEY COME AND KNOCK ON THE DOOR

Envío

No pretendo sino que algún día
el dueño de la pobre pulpería
haga de mis escritos
los cucuruchos de papel
para envolver su azúcar y su café
a las gentes del futuro
que ahora por razones obvias
no saborean su azúcar ni su café.

Dispatch

I content myself that some day
the owner of this poor grocery store
will make paper funnels
out of my writings
to wrap up his sugar and his coffee
for people of the future
who now for obvious reasons
cannot savor his sugar nor his coffee.

Noticia cotidiana

Eres noticia cotidiana. En todas partes se habla de vos:
en París, New York, Nairobi, Sri Lanka, – en todo el mundo
se habla de vos.
Durante siglos se puso en duda tu existencia.
Pocos, – muy pocos – sabían pronunciar tu nombre.
Ahora eres famosa, – en todas partes se habla de vos –.
Se cuentan tantas cosas, tantas historias.
Ya nadie habla de tu pequeñez:
"de tu estatura de gorrión en vuelo."
Todo el mundo habla de vos:
los hombres de negocios, pitonisas
y gangsters; el papa, el jefe de la OTAN y el presidente de
USA. – por supuesto – en sus conversaciones.
De todo el mundo te escriben cartas, ensalmos, blasfemias,
oraciones, cantatas, juramentos.
Eres noticia cotidiana.
Todos los refugiados piensan en vos
y los que antes no te amaban ahora te aman más.
Eres la adivinanza que a mi hijo el pequeño nunca dí respuesta.
Eres la gran obra por hacer, el tema muy en boga de cineastas.
El poema, – estilo Eliot – (de "La Tierra Baldía") que ahora ha
comenzado – este promisorio talento – pese al
ambiente y su temprana edad.
Eres noticia cotidiana.
El himno penetrante de los teletipos,
la voz de nuestra américa,
la noticia que magnates – pese a sus maquinarias –
no pudieron urdir durante siglos.
Eres la sensación del momento.
Todo eso eres y mucho más,
– aunque algunos luego dirán que
yo, que vos, que no se qué, que no sé cuando

Daily News

You are daily news. They talk about you everywhere:
in Paris, New York, Nairobi, Sri Lanka – all over the world
                                          they talk about you.
For centuries they doubted your existence.
Few – very few – knew how to pronounce your name.
Now you are famous – they talk about you everywhere –.
They tell of so many things, so many stories.
                           No one mentions your smallness:
          "the size of a sparrow in flight."
     Everyone talks about you:
                                businessmen, fortune tellers,
and gangsters; the Pope, the chief of NATO, and the president
          of the United States – of course – in their conversations.
From all over they write you letters, magic spells, blasphemies,
                                prayers, cantatas, oaths.
You are daily news.
All the refugees think of you
and those who didn't love you before love you now a little more.
You're the puzzle I could never solve for my youngest son.
You're the great task to be undertaken, the popular theme of
                                movie-makers.
The poem (a la Eliot's "Wasteland") that has already begun
                                – this promising talent –
despite the circumstances and your tender years.
You are daily news.
                    The penetrating hymn of teletypes,
the voice of our America,
the news that magnates – despite their machinations –
                                couldn't invent for centuries.
You're the sensation of the moment.
You're all that and much more,
though there are people who would say that
I, if I were you, wouldn't know what, wouldn't know when

Las tías

Siempre salían juntas cada tarde.
Iban a los cafés, los grandes almacenes – todo a su alrededor
                                era una pajarera –
Otras veces tomaban té en el patio
y hablaban, siempre hablaban con ligera inquietud:
el recuerdo de una elección difícil, aún dudosa.
Se hablaba. De ellas siempre, siempre de ellas, voraces,
                                delicadas.
Sus miradas resbalaban sobre las apariencias,
las máscaras de las cosas (era un encanto o una ilusión?)
Se quedaban ahí sentadas, dotadas de un falso brillo,
una frescura sin vida, durante horas, tardes enteras hablando
                                de las cosas,
los sentimientos, el amor, la vida.
Ese era su dominio.
Y hablaban, siempre hablaban repitiendo, dándole vuelta a
                                lo mismo,
haciendo correr sin cesar entre sus dedos esa materia
extraída de su vida, amasándola, estirándola
hasta formar entre sus dedos un montoncito, una bolita gris.

The Aunts

They always went out together every afternoon.
They went to cafes, department stores – everything around
                              them was a bird-cage –
At other times they had tea on the patio
and they talked, they always talked with a slight uneasiness:
the memory of a difficult choice, still doubtful.
They talked. Of themselves always, always themselves,
                              voracious, delicate.
Their eyes slid over appearances,
over the masks of things (enchantment or illusion?)
They'd remain sitting there, gifted with a false brilliance,
a lifeless freshness, for hours, entire afternoons talking about things,
about feelings, love, life.
That was their domain.
And they talked and talked, always repeating themselves, turning
                              the same things over,
ceaselessly running through their fingers the stuff
extracted from their lives, kneading it, stretching it
until they formed between their fingers a lump, a little gray ball.

Los buenos servicios

En la penúltima estación bajamos juntos, tu saco olía a sopa fría,
hablamos entre otras cosas de nuestro país y de las luchas
por su libertad. En casa tu mujer nos sirvió arroz, frijoles fritos
                                                    con crema
y una tortilla caliente
Eras entonces un muchacho idealista, resuelto a todo.
Eras digo, porque este día has venido a casa con tu insignia
de policía secreto.

The Good Services

We got off at the next-to-last station, your coat smelling of cold soup,
we spoke among other things of our country and the struggle
for its liberation. At home your wife served us rice, fried beans
                                                    with cream,
and a hot tortilla.
You were an idealistic boy then, ready for anything.
I say *were*, because today you showed up at my house
flashing your secret service badge.

No envidio tus victorias

No envidio tus victorias
ni tu Mercedes Benz
ni tu cuenta bancaria envidio
  Envidio sí la mosca
la mosca
posada tontamente
  en los labios de Cintia
     tu mujer.

I Don't Envy Your Victories

I don't envy your victories
nor your Mercedes Benz
nor do I envy your bank account
    I do envy the fly
the fly
mindlessly poised
    on the lips of Cynthia
                    your wife.

El señor presidente

Después de estos meses de convulsiones nacionales,
    el país se encuentra en paz nuevamente.
Gozamos de tranquilidad pública, merced al sacrificio
    y tolerancia. Tengan ustedes cuidado a
    propósito
de las calumnias. Los enemigos del orden y la
    democracia acostumbran a calumniar a los altos
    dirigentes, calumniar a los altos militares, para
    quebrantar la moral del pueblo y
cuando un pueblo pierde la fe en sus gobernantes,
    puede ser presa fácil de otros intereses.
EL PUEBLO NO DEBE PERDER LA FE NI PONER
    OIDOS A CALUMNIAS.

Mr. President

After these months of national convulsions
        the country is once again at peace.
We enjoy public tranquility, thanks to our sacrifice
        and tolerance.
        By the way, be careful
of slander. The enemies of order and
      democracy are accustomed to slandering the top
      leaders, to slandering the military chieftains, so as to
      break the people's morale, and
when a people loses faith in its governors,
      it could become an easy prey for other interests.
THE PEOPLE MUST NOT LOSE THEIR FAITH OR
      LISTEN TO SLANDER.

Tocata y fuga

Tal vez mi hermano siga con sus tocatas durmiendo
 las gallinas, tal vez nos traslademos de una
pieza pobre a otra pieza pobre; es posible que muera
mamá, es muy posible.
Ojalá se olvidaran de mí, que hasta la pobre mesa
 se rompiera, ojalá pasara para que vos
comprendieras.
Vos podrías morir de esas fiebres que dan hoy día
 y los demás nos quedaremos solos, untando
este mundo absolutamente desconocido
a esa hora en que te vas con el saco de siempre,
  el pensamiento de siempre, los bolsillos de
 siempre, y cuidado, ten
cuidado de reprochar mis pensamientos, deja de
 escupir esta pobre araña que va tras la camisa,
 deja de maldecir.
Tal vez olvidemos algunos pensamientos, algunos actos
  tontos que nunca realizamos, por ese gran temor
a estirar en falso el pie derecho. Tal vez un día recordemos.
   Hubo un país, hay un país y ese es el nuestro.
   Hubo una
cueva, hay una cueva y esa es la nuestra. Y como un día
 nos engordó la misma pobreza no salimos.
Esa fue la catástrofe. La de morir atados, la de oír y
 soportar la risa, las palabras de los reyes,
 la altanería de la servidumbre. Cuando apenas cabíamos
sentados en este pobre reino de inmundicia.

Toccata and Fugue

Perhaps my brother keeps putting the hens to sleep
    with his toccatas. Perhaps we'll move from one
poor room to another poor room; it's possible that mama
will die, it's very possible.
I hope they'll forget me, hope the poor table
    breaks, I hope that happens so you'll
understand.
You could die of the fever they catch these days
    and the rest of us would be alone, smearing
this absolutely unknown world
at this hour when you go around with the same coat,
        the same thoughts, the same
        pockets, and careful, be
careful of reproaching my thoughts, don't
    spit at that poor spider that crawls into your shirt,
    stop swearing.
Perhaps we forget some thoughts, some foolish
    acts we never realized because of the great fear
of making a false step with our right foot. Perhaps
    some day we'll remember.
        There was a country, there is a country and it's ours.
        There was a
cave, there is a cave and it's ours. And since one day
    our own poverty fattened us, we didn't leave.
That was the catastrophe. To die with our hands tied, to hear
    and tolerate the snickers, the words of the kings,
    the haughtiness of the servants. When we scarcely
fitted sitting down in this poor kingdom of filth.

Vienen y tocan la puerta

VIENEN Y TOCAN LA PUERTA:
                    si tu vecino no llega esta noche,
ese hombre que silba cuando sale a la calle,
                    jamás se lo menciones a nadie.
Nunca se te ocurra – por nada del mundo – en reuniones de
confianza argumentar su caso
y si tu hijo te dice que desde hace una semana no se enciende
                              la luz en su cuarto
mandálo a que se acueste y no discuta,
                    porque pueden aumentar los rumores
y una noche al volver de tu oficina
                    YA NO LO ENCUENTRES.

They Come and Knock On the Door

THEY COME AND KNOCK ON THE DOOR:
                    if your neighbor doesn't come home tonight,
that man who whistles when he leaves the house,
                    never mention him to a soul.
Don't ever think – not for anything in this world – of arguing
his case in confidential meetings
and if your son tells you that for the past week he didn't turn
                                        on the light in his room
tell him to go to bed and stop arguing,
                    because rumors might spread
and one night when you come home from the office
                    YOU WON'T FIND HIM.

Pobres de nosostros

Nosotros moriremos con el Capitalismo,
estamos sentenciados.
Pobrecitos de nosotros
                  y sin haberlo disfrutado.

Poor Us

We'll die along with Capitalism,
we've been sentenced.
Poor us
           and without ever having enjoyed it.

Catecismo

Ya no somos los dioses del desastre ¿o sí?
ni sayos inmaculados, ni la historia un cuento ensortijado
    para niños buenitos.
¿Dónde está la juventud de este país? es la pregunta de lacayos.
Que le pregunten a Don Carlos/
Si. A él que nos dió de beber en su taberna alemana
    todos los vinos de la felicidad.
A él que nos puso borrachos a despojarte de tu absurdo vestido,
país mío, tantas veces violado.
A vos también que te pregunten. A vos que me enseñaste
dándome coscorrones en ayunas esa palabra clave:
                                 revolución.

Catechism

We're no longer the gods of disaster, or are we?
Nor immaculate tunics, nor history a treasure-trove
    story for good little boys.
Where is the youth of this country? is a question for lackeys.
Go ask Don Carlos/
Yes. He who treated us to drinks in his German tavern
    to all the wines of happiness.
He who sent us out drunk to strip off your absurd dress,
country of mine, raped so many times.
Let them ask you as well. You who taught me,
with cuffs on the head when I was hungry, that key word:
                                      revolution.

De la línea Groucho

Colecciono estampillas y bichos de un orden parecido al nuestro
en cuyas cabezas meto alfileres.
Está bien decirlo a mi edad, a mi tos, a mis enfermedades,
cuando todos están en desacuerdo conmigo:
las células de un mundo prehistórico, los invitados esta noche
                                        a reñirme
por hablar mal,
en contra mejor dicho del orden
y meterme en los orinarios a buscar citas anónimas ejemplos de
como hablar en público
y hacer el amor o la guerra.
No importa nada. Estoy sentado aquí (toda locura tiene su método)
planeando como salir de estos dominios
con un paraguas roto. Tú que tienes la llave porqué no me encierras?
A cada rato salgo a la misma puerta, a cada rato a ver este
                                        escandaloso
y rentable paraíso.

The Groucho Line

I collect postage stamps and bugs of an order resembling ours
and I stick pins in their heads.
It's good to say this at my age, with my cough, with my illnesses,
when everybody disagrees with me:
the cells of a prehistoric world, the guests tonight will scold me
for speaking badly,
against, I should say, order
and for going into urinals to look for anonymous quotes
                                    examples of
how to speak in public
and make love or war.
It doesn't matter. I'm sitting here (each madness has its method)
planning how to get out of these domains
with a broken umbrella. You have the key, why don't you lock
                                    me in?
Every so often I go to the same door, every so often I go to see
                                    this scandalous
and profitable paradise.

La guerra sucia

a Tito, que regresó loco de New York

En las más grandes escenas de Goya nos parece que
    vemos/ los pueblos del mundo/
exactamente en el momento en que/ por primera vez
    alcanzaron el título de/
"humanidad sufriente"/
Las bayonetas calan y siguen calando y los ricos se
    enriquecen más
y los pobres se empobrecen aún más. Todos los monstruos
    de la imaginación caen en un puño de tierra,
en un país como una pulga de pequeñito. El gran
    país se quema con su mismo fuego,
siembra su misma estaca, quedan sus restos en las
    horcas resbalosas:
Los monstruos de la imaginación comen al monstruo
    final —"el iniciado matará
al iniciador"—. Un día el gran país caminará como
    el pariente pobre golpeando las paredes
donde no vive nadie, verá sus monstruos en los
    mingitorios, su arrojada saliva
cien veces más podrida. ¿Qué será entonces de la bolsa
    de valores? ¿Qué será de los chalecos contra balas,
los Levis y las canciones de Sinatra?
    ¿Estamos de acuerdo Ferlinghetti?
Goya siempre está listo, en estos casos de derrumbamiento.

The Dirty War

for Tito, who came back crazy from New York

In the greatest scenes of Goya we seem to be
    looking at/ the peoples of the world/
at the exact moment in which/ for the first time
    they earned the title of/
"suffering humanity"/
The bayonets pierce and keep on piercing and the rich
    get richer
and the poor grow even poorer. All the monsters
    of the imagination fall upon a fistful of earth,
on a country as small as a flea. The huge
    country is consumed in its own flames,
plants its own stake, its remains dangle from
    the slippery gallows;
The monsters of the imagination devour the final
    monster—"the initiate will murder
the initiator"—. One day the huge country will wander
    like a poor relation knocking on walls
where nobody lives, will see its monsters in the
    urinals, its hurled spittle
a hundred times more rotten. What will happen then
    to the stock market? What will become of the
bullet-proof jackets, the Levis, the songs of Sinatra?
    Are we in agreement, Ferlinghetti?
Goya is always at hand, in these cases of collapse.

Heredad

Nacimos de una abuela descalza
nunca tuvimos nada
ni siquiera una piedra en que sentarnos
Nada que no fueran pensamientos
como estos
             terriblemente originales.

Heritage

We were born of a barefoot grandmother
we never had a thing
not even a stone to sit on
Nothing but thoughts
like these
            terribly original.

Asesinato del campeón de polo

Mataron al campeón de polo.
El hombre de mil trajes,
el mismo que tenía mansiones y yates
y novias ricas y bonitas en casi todo el mundo.

Lo mataron a balazos
y lo arrojaron maniatado
en una zanja.
Lo mataron porque dejó sus trajes,
sus caballos, el polo,
sus yates y mansiones,
y sobre todo porque después se puso a caminar
como pobre entre los pobres.

Assassination of the Polo Champ

They killed the polo champ.
The man of a thousand suits,
the one who had mansions and yachts
and rich, beautiful girl friends all over the world.

They shot him to death
and threw him hands tied
into a ditch.
They killed him because he left his suits,
his horses, polo,
his yachts and mansions,
and above all because he then started walking
as a poor man among the poor.

Fábula

Quisieron hechizarla. Pobrecita, adivinos y brujos
susurraron ensalmos en su oído.
La quisieron dormir con una droga
para que nunca despertara (de su sueño)
Vanos y tontos fueron empeños de rufianes astutos
que buscaron un príncipe.
Ella nunca durmió – aunque cerró los ojos –
y hoy, más despierta que bella muerde con furia
al príncipe encantado.

Fable

They wanted to bewitch her. Poor thing, soothsayers and wizards
whispered spells in her ear.
They wanted to drug her to sleep,
so she'd never waken (from her dream)
Foolish and vain were the efforts of cunning ruffians
who searched for a prince.
She never slept – though she closed her eyes –
and now, more awake than beautiful she bites with fury
the enchanted prince.

Postal

Entonces ves este país,
que puede ser del tamaño de un raspón,
y luego un tren como un juguete que en los atardeceres pasa
                              lleno de soldaditos,
que aunque parezcan de mentiras son de verdad,
y ves también los volcanes como manchitas de tinta azul,
y no podéis hallar una razón (aunque realmente exista)
de porqué hay tantos soldaditos en un país del tamaño
                              de un raspón.

Postcard

So, then, you see this country
about the size of a scratch
and there's a train like a plaything going by in the
                       afternoon filled with tiny soldiers,
who though they look like toys are for real,
and you can see, too, the volcanoes like smudges of blue ink,
and you can't find a reason (though there may really be one)
why there should be so many tiny soldiers in a country small as
                                         a scratch.

Dificultades

Es difícil para los que nunca han conocido la persecusión
creer esas historias de la persecusión
es muy difícil (pero muy difícil) para los que viven junto
    a un banco
dudar de la seguridad de su dinero
es difícil (o era muy difícil) para los que viven en una
                                  comisaría
creer en el triunfo de la violencia.
es muy difícil que el horror pierda su espanto al repetirse
                                        mucho
es muy difícil.

Hardships

It's hard for those who've never known persecution
to believe these stories about persecution
it's very hard (but very hard) for those who live next
    to a bank
to doubt the safety of their money
it's hard (or it was very hard) for those who live in a
                                 police station
to believe in the triumph of violence.
it's very hard for horror to lose its menace through
                                constant repetition
it's very hard.

Se gratificará

Se gratificará a quien informe sobre el paradero de
                    Angela Gómez,
morena de uno cincuenta de estatura, ojos negros
achinados
desaparecida el 22 de los corrientes
después de la manifestación.
Su madre Perfecta Gómez, enferma del corazón durante más
                    de cinco años
le agradecerá cualquier información.
Avísenle a su casa de habitación número 2-16 calle de La Esperanza,
barrio el Calvario.
Ayúdenle por favor, ella quiere saber de su Angelita,
estudiante del octavo grado del Instituto Nacional
y quién vestía a la hora de su desaparición el uniforme del instituto;
único consuelo de su madre, ayúdenle por favor;
háganle menos pesada su cruz, señor magistrado, señor juez.
Olviden la política, olviden los ladrones por un rato,
olviden el gran tráfico y hagan algo de su parte.
Una madre dolorida y enferma sumamente se los pagará con una
                    sonrisa de su corazón.
No le ayuden a morir, avísenle sobre el paradero de su
                    Angelita Gómez
que un día salió de su casa con rumbo al Instituto y nunca regresó
y cuya ausencia atormenta a su madre hasta el delirio,
a su anciana madre
(quién no tiene quién por ella)
Ella les gratificará con la mirada limpia si le traen
noticias de la niña de sus ojos, silla de ruedas de su ancianidad.
Sálvenle su ilusión, devuélvanle su esperanza;
no le digan que murió en la celda 16 o que la bala de los
    incidentes rompió su cabecita o que cayó en el puente;

42

There's a Reward

There's a reward for information as to the whereabouts of
                                        Angela Gómez,
brunette, about five feet tall, black
slanting eyes
disappeared the 22nd of this month
after the demonstration.
Her mother Perfecta Gómez, with ailing heart for over
                                        five years
would appreciate any information.
Call at her house, Number 2-16 La Esperanza Street,
in the Calvario neighborhood.
Please help her, she wants to know about her Angelita,
an eighth grade student at the National Institute
who was wearing the Institute uniform at the time of her
                                        disappearance;
she was her mother's only consolation. Please help her;
make her cross less heavy, Mr. Magistrate, Mr. Judge.
Forget politics, forget thieves for a while,
forget the drug trade and do something.for her sake.
An extremely ill and sorrowful mother will repay you with a
                                        heartfelt smile.
Don't help her die, tell her the whereabouts of her
                                        Angelita Gómez
who one day left home for the Institute and never returned
and whose absence torments her mother to the point of delirium.
her aged mother
(who has no one to look after her)
She will reward you with a clear gaze if you bring her
news of her darling daughter, wheelchair of her old age.
Save her illusions, give back her hope;
don't tell her she died in Cell No. 16 or that the bullet
    split open her little head or that she fell at the bridge;

ayúdenla también, sus compañeras de grado,
ayúdenla a su madre.
Busquen, indaguen, den con el corazón de Angela Gómez
que estudiaba de día y trabajaba de noche en una fábrica de
                                                hilados y tejidos.
Ayúdenla por favor. No olviden la dirección. Cualquier dato
pueden darlo también a su querida compañera Gloria Fuentes
                                al teléfono de su casa 231681.
No lo olviden señores mensajeros, carteros, policías, serenos,
vendedores de libros usados, floristas, maestros,
obreros de la construcción, vigilantes.
No olviden a una madre que se muere a poquitos y se le parte
                                                el corazón
cada mañana cuando se abre la puerta,
la puerta que la vió salir un día, como todas las veces
para nunca volver
su adorado tesoro, su palomita turca, su cosita del alma,
su muchachita de oro, su Angelita Gómez.

help her also you classmates,
help her mother.
Search, investigate, find the heart of Angela Gómez
who studied by day and worked at night in a textile factory.
Please help her. Don't forget the address. You can also give
any information to her best friend Gloria Fuentes
                              at her home telephone: 231681.
Don't forget: messengers, mailmen, policemen, watchmen,
used book salesmen, florists, teachers,
construction workers, guards.
Don't forget a mother dying bit by bit and whose heart breaks
every morning when she opens the door,
the door that saw her go out one day, like always,
never to return:
her beloved treasure, her turtle dove, her soul's delight,
her golden girl, her Angelita Gómez.

Adiós

Adiós matria mía,
progenitora de vientos, cosechas, tempestades,
bueyes, gallinas, caballos, trenes,
hermanitos todos, testigos de la diáspora. Adiós.
Adiós años terribles,
     amorosas muchachas, ángeles terribles;
caminito del indio, huellas, polvo pisado por los pies de tanto
              pobre.
Adiós felicidad hija de puta.
Ciudadanos, adiós.
Adiós José, adiós María;
casas, andenes, balcones, terraplenes.
      Adiós diosito santo, voyme quedito.
¿Quién sabe a dónde? ¿Quién sabe hasta cuándo?
Me voy sin mayor ceremonia, hijos de lilliput, condecorado de
saludos, lágrimas, esperanzas, razones. Me voy.
Llevo conmigo el agua del regreso. Todo lo que me ata, lo que
          me hace volver
como el canto del gallo por encima del hombro de cada amanecer.
Con la victoria, adiós. Voyme quedito. Ya estaré regresando.
Ya estaré.

Goodbye

Goodbye Oh motherland of mine,
progenitor of winds, crops, tempests,
oxen, chickens, horses, trains,
brothers all, witnesses to the diaspora. Goodbye.
Goodbye terrible years,
                    loving girls, terrible angels;
Indian trail, footprints, dust trodden by the feet of so many poor.
Goodbye happiness, you bitch.
Citizens, goodbye.
Goodbye José, goodbye María;
houses, sidewalks, balconies, terraces.
                    Goodbye godly saint, I'll go quietly.
Who knows where? Who knows for how long?
I'm going without fanfare, children of Lilliput, decorated
with farewells, tears, hopes, reasons. I'm going.
I take with me the water of return. Everything that binds
                    me, that calls me back
like the rooster's crowing perched on the shoulder of each dawn.
With the victory, goodbye. I'm going quietly. I'll be coming back.
I'll be back.

Paralelismos

Ah, hermanos míos, campeones de las trampas
más diversas.
Napoleón llevó de Rusia todo el frío en su abrigo
a su isla de Córcega.
¿Qué no quisiera yo llevarles, además de la risa?
Frascos de la felicidad,
abedules y nieve en los bolsillos.
El amor sobre todo. Todo el amor del mundo.
Merecido trofeo por cada cicatriz, por cada herida,
ganada en la Batalla!

Parallelisms

Ah, my brothers, heroes of the most diverse snares.
Napoleon carried all that winter cold in his overcoat
from Russia to his isle of Corsica.
What wouldn't I want to bring you, as well as laughter?
Flasks of happiness,
birch trees and snow in my pockets.
Love, above all. All the love in the world.
A well-deserved trophy for each scar, for each wound
earned in Battle!

A los cien años del natalicio de Kafka

Hoy fue el día de mi cumpleaños. Y el sueldo no alcanzó
para una pinta de cerveza y para colmos – nadie vino a
cantarme el hapy birday.
Y esto que ahora de todo el mundo nos llueven telegramas
por derrotar día a día cada nueva estrategia
y ensayar nuestro pulso a niveles tan altos,
que si tuviéramos fronteras con las URSS – como dice Manuel –
otro gallo les cantara.
Ay, pero hoy es el día de mi cumpleaños, y nadie se ha
                                       acordado de mí,
para colmos, mi madre, que siempre fue devota de mandarme
este día flores y caramelos, murió hace un par de meses
lejos de este país donde todo el frío del mundo parece
                                       destinado para mí.
Hoy es el día de mi cumpleaños: cosa grave son las canas,
pero más grave aún la calvicie. Uno se pone grave, circunspecto,
con rostro de notarío o profesor de física.
De todos modos Salud, Joven poeta de los años 40. Aún le queda
mucho que escribir!

On Kafka's Hundredth Birthday

Today was my birthday. My salary wouldn't stretch
for a pint of beer and to top it off not a soul came by
to sing me "Happy Birthday."
And this, in spite of all the telegrams pouring in from
everywhere
telling how each new strategy is thwarted day after day
and we target practising on such a high level
that if we had a border with the USSR – as Manuel says –
they'd be singing a different tune.
Ah, but today is my birthday, and no one's remembered me.
And to top it off, my mother, who never failed to send me
flowers and candy on this day, died a couple of months ago,
far from this country where all the cold in the world
seems meant for me.
Today's my birthday: a serious thing, going grey,
but even more serious going bald. You become serious, cautious,
with the face of a notary public or physics professor.
Anyway, Here's to your health, young poet of the 1940s. There's
still lots left for you to write!

Hay un naranjo enfrente

Hay un naranjo enfrente, tras de ese viejo tapial
abandonado,
pero no es el mismo naranjo que sembramos,
y es un bello naranjo
tan bello que nos hace recordar
aquel naranjo que sembramos
                   – en nuestra tierra –
antes de venir a esta casa
tan distante y lejana de aquella
donde sembramos un naranjo
y hasta lo vimos – como éste – florecer.

There's an Orange Tree Out There

There's an orange tree out there, behind that old,
abandoned garden wall,
but it's not the same orange tree we planted,
and it's a beautiful orange tree
so beautiful it makes us remember
that orange tree we planted
                          – in our earth –
before coming to this house
so distant and remote from that one
where we planted an orange tree
and even saw it – like this one – in flower.

Necesidades

Necesito a mi mamá, con edipiano amor, sus desayunos humanísimos. La ingenua libertad de ese niño en sus faldas suspirando la culpa original. Aquel domingo de misa, pan y sol y la muchacha aquella burlándose de mi amor tontísimo. Necesito de Dios y su absurda existencia para luego volverme materialista y soñador. Necesito de mi mal ponderada familiaridad de padre. Casarme una vez más con la madre de mis hijos. Que me digan lo pequeño que soy. Necesito de veras volverme a ver en el espejo limpio de la casa y cambiarme de ropa y salir a esperar como un novio solemne a la vida, esperándome. Necesito una vez más que mi tata me pegue con sus puños terribles de patriarca y que me diga bruto, inútil, polvo de la noche delirante y brutal. Necesito que las gentes acudan a mi paso. De veras necesito que me quieran. Me besen todos los labios del mundo. Y que me dejen. Me dejen, por favor, crecer un poco más con mi vejez de niño atolondrado.

Necessities

I need my mama, with oedipal love, her most human breakfasts. The ingenuous freedom of that boy on her lap breathing in original sin. That Sunday with its mass, bread and sun and that girl mocking my blundering love. I need God and his absurd existence so I can become a materialist and a dreamer. I need my badly considered familiarity with fatherhood. To marry once again the mother of my children. That they tell me how small I am. I really need to see myself once again in that clear mirror at home and change my clothes and go out and wait like a solemn bridegroom for life that is waiting for me. I need my dad to beat me once more with his terrible patriarchal fists calling me stupid, useless, delirious and brutal night dust. I need people to flock around me. I really need to have them love me. That all the world's lips kiss me. And that they let me. Let me, please, grow up a little more with my old age of a bewildered child.

El porvenir

("En cuanto la idea del Diluvio se sosegó.")
                                    – A.R.

En la calle se establecieron fúnebres negociantes.
De las Carnicerías el tufo de mil bestias degolladas inundó
                                              la mañana de
nuestra primera infancia.
La sangre corrió en los circos y las embarcaciones.
En la casa de Dios. En los altos edificios aún chorreantes
los niños contemplaron las extrañas imágenes.
La sangre corrío. Los vendedores de pólvora, los traficantes
                                              de armas
celebraron con toda pompa el próspero suceso. En la casa
del ministro el general aderezaba los muslos de Efigenia.
El sol negro reventaba en el arco del triunfo. La reina,
la Maga, la que siempre nos ocultaba el porvenir, dijo
                              por fin que el fin del mundo había
comenzado. Pero esta vez no había embarcación.
El mar estaba seco. Todo era ruinas, miseria, tempestad.
Las visiones de San Juan brotaban de los ojos del animal
                                              de mil cabezas.
No apareció la liebre aquélla mañana ni dijo su plegaria
el arcoiris a través de la tela de araña. El porvenir
                              apenas había comenzado.

The Future

("When the notion of the Flood was allayed.")
– A.R.

Morticians set up shop in the streets.
From the slaughterhouse the stench of a thousand butchered
                                        beasts inundated the morn of
our earliest childhood.
Blood ran in the circuses and ships.
In the house of God. In tall buildings still streaming
    the children contemplated strange images.
The blood poured. Gunpowder salesmen, arms traffickers
celebrated the profitable event with pomp. In the Minister's
    house the general embellished Iphigenia's thighs.
The black sun exploded on the Triumphal Arch. The queen,
    the high priestess, who had always hidden the future from
                        us, at last said that the end of the world had
begun. But this time there would be no boats waiting.
The sea was dry. All was ruins, misery, tempests.
Saint John's visions burst from the eyes of the animal
                                with a thousand heads.
The hare didn't appear that morning nor did the rainbow say
    its prayers through the spiderweb. The future
                                had scarcely begun.

Refugiados

"Así pasan los días y nuestra
estancia no resulta ingrata
porque, claro está, no es
eterna, por supuesto."
                    —C.P.C.

A cinco años apenas de añorar la tierra
    y nuestro pelo ha encanecido,
blanco se volvió lo negro. Se nos conoce por supuestos nombres.
Otras calles se hicieron nuestras calles.
Nos hemos llenado de congojas y tristezas, mas nuestro
                            corazón sigue lo mismo.
Tanto aprendimos estos años, de noche, sin reposo
    en que buscaron nuestros ojos una luz
        la del país amado.
Entre risas y lágrimas, borrachos, siempre hablamos lo
                            mismo:
la gran desgarradura a boca de botella.
De nuestro mundo hablamos, de muertos y batallas,
    de comidas y olores, de amor y desamor. De todo lo que
                            cabe
en la palabra patria.
Este año volveremos, decimos, si la guerra termina
    o nuestros planes económicos prosperan.
Desde hace mucho tiempo repetimos lo mismo. Nuestro pelo
    encanece más y más.

Refugees

"Thus the days go by and our
stay isn't unpleasant
because, naturally, it won't
be eternal, of course."
                    —C.P.C.

A scarce five years of yearning for the land
and our hair has turned gray,
the black has turned white. We are known by pseudonyms.
Other streets became our streets.
We have become replete with anguish and sorrows, but our
                                hearts remain the same.
We learned so much in these years, by night, restless,
    our eyes searching for a light,
        that of the beloved country.
Between laughter and tears, drunken, we always talk of the
                                same thing:
the great heartbreak of the bottle's mouth.
We talk of our world, of deaths and battles,
    of food and odors, of love and indifference. Of everything
                                that fits
into the word homeland.
This year we'll return, we say, if the war ends
    or if our financial prospects improve.
For a long time we've repeated the same things. Our hair grows
grayer and grayer.

Nota Bibliografica

Alfonso Quijada Urías nació el 8 de diciembre de 1940. Poeta y escritor, en 1968 publicó junto a Manlio Argueta, Roberto Armijo, Roberto Cea y Tirso Canales *De aquí en adelante*, obra poética conjunta que inauguró una etapa en la literatura salvadoreña.

En 1969 y 1970 aparecieron sus poemas publicados en Casa de las Americas, La Habana, Cuba, bajo los títulos de *Sagradas Escrituras* y *El otro Infierno*, respectivamente, luego de obtener menciones en el certamen Premio "Casa."

En 1971, La Editorial Universitaria de El Salvador publicó *Los Estados Sobrenaturales* (poemas). Ese mismo año, la Editorial de Ministerio de Cultura de El Salvador publicó su libro, *Cuentos*. En 1974, la misma editorial publicó *Otras Historias Famosas*, libro de los relatos de la vertiente del realismo mágico y que abre por el rescate del lenguaje salvadoreño una rica vertiente narrativa.

En 1980, apareció bajo el sello de la Editorial Universitaria de El Salvador su libro de narraciones, *La Fama Infame del Famoso A(p)triada*.

Tanto su poesía como su narrativa ha aparecido en diversas antologías nacionales y extranjeras. Ha sido vertido al inglés, francés, holandés, ruso e italiano.

Biographical Notes

Alfonso Quijada Urías was born December 8, 1940 in El Salvador. Poet and writer, in 1968 he published, together with Manlio Argueta, Roberto Armijo, Roberto Cea and Tirso Canales, *From now on*, a joint poetic work that inaugurated a new phase in Salvadoran literature.

In 1969 and 1970 two volumes of his poems were published by Casa de las Americas, Havana, Cuba, under the titles, *Sacred Scriptures* and *The Other Inferno*, respectively, after having obtained honorable mentions in the Casa literary competition.

In 1971, the Editorial Universitaria de El Salvador published his *Supernatural States* (poems). In the same year, the Ministry of Culture of El Salvador published his book *Stories*. In 1974 the same publisher brought out *Other Famous Stories*, a book of short stories in the current of magical realism that opened, with the redemption of the Salvadoran language, a rich narrative vein.

In 1980, there appeared beneath the imprimatur of the Editorial Universitaria de El Salvador, his book of stories, *The Infamous Fame of the Famous A(p)trida*.

His poetry and narrative works have appeared in a number of national and foreign anthologies. He has been translated into English, French, Dutch, Russian and Italian.

Related titles available from Curbstone

ASHES OF IZALCO, a novel by Claribel Alegría and Darwin J. Flakoll, trans. by Darwin J. Flakoll. A love story which unfolds during the bloody events of 1932, when 30,000 Indians and peasants were massacred in Izalco, El Salvador. $17.95cl. 0-915306-83-2; $9.95pa. 0-915306-84-0.

HAVE YOU SEEN A RED CURTAIN IN MY WEARY CHAMBER? selected writings by Tomás Borge; edited & trans. by Russell Bartley, Kent Johnson & Sylvia Yoneda. This first U.S. publication of Borge's poetry, essays and stories offers insight into this man, his work and the Nicaraguan Revolution. $9.95pa. 0-915306-81-6.

LUISA IN REALITYLAND, a prose/verse novel by Claribel Alegría; trans. by Darwin J. Flakoll. A retrospect of the real, surreal and magical memories of childhood in El Salvador into which the realities of war gradually intrude. $17.95 cl. 0-915306-70-0; $9.95 pa. 0-915306-69-7.

MIGUEL MARMOL, by Roque Dalton; trans. by Richard Schaaf. Long considered a classic testimony throughout Latin America, *Miguel Marmol* gives a detailed account of Salvadoran history while telling the interesting and sometimeshumorous story of one man's life. $19.95cl. 0-915306-68-9; $12.95pa. 0-915306-67-0.

POEMS by Roque Dalton; trans. by Richard Schaaf. A selection of Dalton's poetry. "Roque's poetry was like him: loving, mocking, combative. He had courage to spare, so he didn't need to mention it." — Eduardo Galeano. $13.50cl. 0-915306-45-X; $8.95pa. 0-915306-43-3.

POEMAS CLANDESTINOS/CLANDESTINE POEMS by Roque Dalton; trans. by Jack Hirschman. A bilingual edition of this work, written in the voices of five imaginary poets, which was completed shortly before Dalton's assassination in 1975. $7.95pa. 0-915306-91-3.

THE SHADOW BY THE DOOR by Gerardo di Masso; trans. by Richard Jacques. This novel takes place during the "dirty war" in Argentina and describes how a torture victim strives to maintain his sanity by recalling an adolescent love affair. $6.95pa. 0-915306-76-X.

FOR A COMPLETE CATALOG, SEND YOUR REQUEST TO:
Curbstone Press, 321 Jackson Street, Willimantic, CT 06226